tück, dann du

Erst ich ein Stück, dann du

Patricia Schröder
3 Weihnachtsgeschichten

3 Weihnachts-
geschichten

Ingrid Uebe

Mit Bildern von Verena Körting

cbj ist der Kinder- und Jugendbuchverlag
in der Verlagsgruppe Random House

Verlagsgruppe Random House FSC-DEU-0100
Das für dieses Buch verwendete FSC®-zertifizierte Papier
Profibulk von Sappi liefert IGEPA.

Gesetzt nach den Regeln der Rechtschreibreform

1. Auflage 2012
© 2012 cbj, München
Alle Rechte vorbehalten
Reihenkonzept: Patricia Schröder
Umschlagbild und Innenillustrationen: Verena Körting
Illustration Serienlogo: Ute Krause
Umschlaggestaltung: Anette Beckmann, Berlin
cl · Herstellung: hag / TK
Satz: dtp im Verlag, CF
Reproduktion: Lorenz & Zeller, Inning a.A.
Gesamtproduktion: Print Consult GmbH, München
ISBN 978-3-570-15548-6
Printed in the Czech Republic

www.cbj-verlag.de

Inhalt

Oh Tannenbaum, oh Tannenbaum! ... 6

Basteltipp: Bunte Christbaumkugeln ...34

Unterwegs zum Jesuskind 35

Bilderrätsel: Im Stall zu Bethlehem 60

Timmis Weihnachtswunsch 61

Weihnachtslied: Jingle Bells 86

Oh Tannenbaum, oh Tannenbaum!

Morgen ist es so weit. Endlich! Morgen ist Heiliger Abend. Morgen steht in fast jeder Wohnung ein Tannenbaum. Der trägt still seine Kerzen und stolz seinen Schmuck. Der leuchtet und duftet. Der sagt allen, die ihn sehen: „Frohe Weihnachten!"

Tina freut sich schon sehr. Aber zugleich macht sie sich Sorgen. „Wir haben noch gar keinen Tannenbaum", stellt sie beim Frühstück fest. „Und morgen ist Heiliger Abend!"

Mama nickt leicht beschämt. „Ja, das stimmt. Aber die letzten vierzehn Tage sind nur so vorbeigerast. Ich hatte eine Menge zu tun."

„Alle anderen haben schon längst einen Baum", sagt Tina. „Bei Kellermanns steht seit zehn Tagen einer auf dem Balkon."

Kellermanns wohnen nebenan.
Man kann ohne Mühe
auf ihren Balkon gucken.
Der Baum, der da in der Ecke lehnt,
ist sehr schön und sehr groß.
Tina findet ihn toll.

Mama zuckt die Achseln. „Es ist nicht meine Schuld, dass wir noch keinen Baum haben. Dieses Jahr muss Papa ihn kaufen."

Tina seufzt. Was den Tannenbaum angeht, haben ihre Eltern leider einen unterschiedlichen Geschmack. Papa mag die kleinen, dicken Bäume am liebsten. Mama findet die großen, schlanken am schönsten. Deshalb wechseln sich die beiden beim Kauf jedes Jahr ab. Diesmal ist Papa dran. Er hat versprochen, den Baum heute Abend mit nach Hause zu bringen.

„Du kannst Papa ruhig mal anrufen!", sagt Mama. „Sonst vergisst er es am Ende noch."

Papa arbeitet bei einer Zeitung. Da darf man ihn nur anrufen, wenn es etwas sehr Wichtiges gibt. Aber etwas Wichtigeres als den Kauf des Tannenbaums gibt es ja wohl nicht!

Papa sieht das durchaus ein. Er ist gar nicht böse, als Tina anruft – höchstens ein bisschen eilig. Er muss nämlich gleich zu einer Konferenz.

„Ach ja, der Tannenbaum!", sagt er. „Ich besorge ihn

auf dem Heimweg. Versprochen. Auf dem Platz vor der Nikolauskirche habe ich heute Morgen noch sehr schöne Bäume gesehen."
Tina lacht. „Du meinst kleine, dicke?"
Aber da hat Papa den Hörer schon aufgelegt.

**Tina kann kaum erwarten,
dass Papa nach Hause kommt.
Als er endlich klingelt,
rennt sie zur Tür.
Ihre Enttäuschung ist groß.
Papa kommt ohne Tannenbaum!**

„Wo ist der Baum?", ruft Tina. „Morgen ist Heiliger Abend! Hast du etwa vergessen, was du versprochen hast?"
„Natürlich nicht", sagt Papa kleinlaut. „Aber auf dem Platz vor der Nikolauskirche war eben kein einziger Tannenbaum mehr zu sehen."
„Und was machen wir jetzt?", schluchzt Tina. „Mama und ich haben heute Nachmittag schon den Schmuck aus dem Keller geholt."
„Es tut mir so leid", sagt Papa. „Vielleicht kriegen wir morgen irgendwo ein paar Tannenzweige. Die sehen mit Schmuck und Kerzen auch schön aus."

Papas Vorschlag gefällt
Tina überhaupt nicht.
Weihnachten ohne
Tannenbaum
ist gar kein richtiges
Weihnachten!

Am nächsten Morgen schmeckt ihr das Frühstück nicht. Sie geht auf den Balkon und schaut zu Kellermanns hinüber. Der Baum, der dort in der Ecke lehnt, kommt ihr noch größer und schöner vor als in den letzten Tagen. Sie ist fast ein bisschen neidisch. Dabei passt so ein blödes Gefühl doch gar nicht zu Weihnachten!

Mama ruft aus der Küche:
„Komm, Tina!
Wir müssen noch einkaufen.
Mir fehlen Salat und Gemüse
und andere frische Sachen.
Papa geht auch mit."

Ja, Papa geht auch mit. Das heißt, er holt das Auto aus der Garage und durchkreuzt mit Mama und Tina die Stadt. Er hat die Hoffnung auf einen Tannenbaum noch nicht aufgegeben. Leider hofft er vergeblich. Wohin er auch fährt – überall heißt es: Tannenbäume ausverkauft!

Alle Leute haben rechtzeitig vorgesorgt. Tina und ihre Eltern sind wohl die Einzigen, die ihre Geschenke heute Abend bei Lampenlicht auspacken werden.

Tina freut sich kein bisschen auf ihre Geschenke. Dieser Heilige Abend wird ihr erster ohne Tannenbaum sein. Sie kann es einfach nicht fassen.

Im Supermarkt ist es sehr voll. Die Leute drängeln und schubsen. An allen Kassen sind lange Schlangen. Tina hat keine Lust, den Einkaufswagen zu schieben. Mit finsterer Miene trottet sie hinter ihren Eltern her. Irgendwann tippt Papa ihr auf die Schulter. „Guck mal, Tina! Da vorn gibt es Tannenbäume aus Plastik. Wie findest du sie?"
„Scheußlich!", sagt Tina.
„Eigentlich sind sie ganz praktisch", findet Mama. „Sie verlieren keine Nadeln und man kann sie jedes Jahr wieder verwenden."
„Das ist aber auch alles!", sagt Tina. „Ich will lieber gar keinen Baum als so einen. Er riecht wie Plastik und sieht auch so aus."

Mama und Papa seufzen.
Eigentlich hat Tina ja recht.

Der Einkaufswagen füllt sich mit Obst, Salat und Gemüse, mit Milch und Joghurt, mit Graubrot und Weißbrot und dann noch mit Sachen, die Tina ziemlich ekelhaft findet – zum Beispiel Krabben und glitschigen Fisch.
Papa freut sich bereits aufs Abendbrot. Mama sagt, dass sie den Kerzenleuchter auf den Tisch stellen wird. Tina denkt an den Weihnachtsbaum. Sie vermisst ihn schon jetzt.
Sie fragt: „Singen wir eigentlich auch?"

„Na klar!", sagt Mama. „Und ich spiele Klavier. Warum sollen wir denn nicht singen?"

„Weil wir keinen Tannenbaum haben", antwortet Tina. „Wie sollen wir da *Oh Tannenbaum* singen?"

„*Stille Nacht* können wir singen", sagt Papa. „*Ihr Kinderlein kommet* genauso!"

„Das ist nicht dasselbe!", behauptet Tina. „Bestimmt wird Weihnachten diesmal ganz anders als sonst."

„Aber trotzdem schön und gemütlich", sagt Mama. „Und festlich auch!"

Tina runzelt die Stirn und schüttelt den Kopf.

Zu Hause packen Mama und Papa die Einkäufe aus.

Tina geht wieder auf den Balkon.

Es schneit ein bisschen.

Aber das ist ihr egal.

Ob Kellermanns ihren Tannenbaum schon in die Wohnung geholt haben? Tina blickt auf den Balkon nebenan. Nein, der Baum lehnt immer noch in der Ecke. Und neben dem Baum steht Dominik.

„Hallo Tina", sagt er. „Freust du dich auch schon auf heute Abend?"

„Doch, ja", antwortet Tina gedehnt. Sie streckt ihre Hand aus und fängt ein paar Schneeflocken. „Hast du gesehen? Es schneit."
Dominik macht es ihr nach. „Vielleicht kriegen wir Weiße Weihnachten. Das wäre doch toll!"
Eigentlich macht Dominik Tina nie etwas nach. Er ist ein Jahr älter als sie und geht schon in die dritte Klasse. Sie spielen nur noch selten zusammen.

„Weiße Weihnachten ist mir egal",
behauptet Tina patzig.
„Eigentlich ist mir Weihnachten
sowieso ziemlich egal."
Was redet sie denn da?
Sie wundert sich über sich selbst.

Dominik wundert sich anscheinend auch. „Aber Weihnachten ist doch das schönste Fest überhaupt", sagt er. „Findest du nicht?"
Tina zuckt bloß die Achseln.
„Ich mag alles an Weihnachten", erklärt Dominik. „Dass man zuerst warten muss und sehr neugierig ist,

dass man Lieder singt und Geschenke kriegt. Und am meisten mag ich den Tannenbaum."
Tina fängt wieder Schneeflocken.
„Habt ihr echte Kerzen?", will Dominik wissen. „Oder elektrische?"
„Wir haben gar keine Kerzen", antwortet Tina. „Und wir haben auch keinen Tannenbaum."
„Nicht?", fragt Dominik überrascht. „Warum denn nicht?"

Eigentlich müsste Tina nun sagen,
dass sich Papa zu spät
nach einem Baum umgeschaut hat
und dass sie deshalb sehr traurig ist.
Aber die Wahrheit kommt ihr nicht
über die Lippen.

„Wir finden Tannenbäume eben total blöd", erklärt sie stattdessen. „Seine Geschenke kann man auch bei Lampenlicht auspacken. Ich habe mir übrigens eine neue Barbie gewünscht. Und die kriege ich auch."
Dominik schweigt einen Augenblick. Dann sagt er: „Ich weiß noch nicht, was ich kriege. Ich weiß nur, wie unser Tannenbaum aussieht. Der steht ja hier schon seit zehn Tagen auf dem Balkon. Hast du ihn gesehen?"
„Ich bin ja nicht blind", antwortet Tina. „Das riesige Teil passt bestimmt nicht in eure Wohnung. Von dem muss dein Papa todsicher die Hälfte absägen."
„Mein Papa", sagt Dominik und seine Stimme klingt plötzlich ganz fremd, „mein Papa ist dieses Jahr gar nicht da."

**Tina wirft einen scheuen Blick
nach nebenan.
Jetzt erinnert sie sich.
Dominiks Papa wohnt
seit dem Sommer irgendwo anders.**

Dominik dreht sich um. Anscheinend will er zurück in die Wohnung.

„Warte doch mal!", ruft Tina ihm nach. „Wenn dein Papa nicht da ist, schmückt deine Mama dann euren Baum ganz allein?"

„Na klar", antwortet Dominik, „sie hat gesagt, dass sie sich schon darauf freut. „Sie ist gerade im Keller und holt den Schmuck rauf."

„Wir haben unseren Schmuck gestern schon raufgeholt", erklärt Tina.

„Wozu das denn?", fragt Dominik erstaunt. „Ich dachte, ihr hättet überhaupt keinen Baum. Wollt ihr nun doch einen?"

Tina wird es ganz heiß.
Soll sie jetzt einfach zugeben,
dass sie sich nichts mehr wünscht
als einen Tannenbaum
mit brennenden Kerzen
und funkelndem Schmuck?

Sie überlegt anscheinend zu lange, was sie antworten soll. Jedenfalls wartet Dominik ihre Antwort nicht ab. Er sagt nur kurz: „Also dann tschüss!" und verlässt den Balkon. Vielleicht denkt er, dass Tina ein bisschen spinnt. Und spinnt sie nicht wirklich ein bisschen?

In der Küche haben Mama und Papa inzwischen alle Einkäufe weggeräumt. Mama steht am Herd und rührt in einem Topf. Papa deckt schon den Tisch zum Mittagessen. Es gibt für jeden nur einen Teller Gemüsesuppe.
„Das muss heute reichen!", sagt Mama.
„Wir wollen uns schließlich den Appetit auf unser Abendbrot nicht verderben", sagt Papa.

Tina sagt gar nichts.
Aber sie denkt,
dass ihr das Abendbrot
ohne Weihnachtsbaum
bestimmt nicht schmecken wird.

Nach dem Essen will Mama einen kleinen Mittagsschlaf machen und Papa möchte ein bisschen Zeitung lesen. Tina geht in ihr Zimmer und holt ein Buch mit Weihnachtsgeschichten aus dem Regal. Damit legt sie sich auf ihr Bett.
Sie klappt das Buch jedoch schnell wieder zu. Die erste Geschichte handelt von einem Tannenbaum, der den Heiligen Abend gar nicht mehr erwarten kann. So etwas mag Tina nicht lesen. Also liegt sie nun da und starrt an die Decke. Sie will nicht an Weihnachten denken.

Plötzlich klingelt es Sturm.
Mama und Papa laufen beide zur Tür.
Tina guckt neugierig um die Ecke.

Draußen steht Dominik, schluchzend und heulend und vor Aufregung zitternd.

„Meine Mama ... meine ... meine Mama ...", stammelt er. „Sie ist von ... von der Leiter gefallen. Sie hat sich bestimmt schrecklich wehgetan. Sie kann gar nicht mehr aufstehen!"
„Wir kommen!", sagt Papa. „Wir können ihr sicher helfen."
Tinas Eltern laufen mit Dominik nach nebenan. Tina läuft hinterher.
Im Wohnzimmer unterm Tannenbaum neben der Leiter liegt Frau Kellermann auf dem Teppich.

„Gott sei Dank!", stöhnt sie mit schmerzverzerrtem Gesicht. „Vielleicht können Sie mir aufstehen helfen. Sicher ist alles gar nicht so schlimm."
Tinas Eltern greifen ihr unter die Arme und setzen sie vorsichtig auf einen Stuhl.

„Sicher ist alles
gar nicht so schlimm",
wiederholt Frau Kellermann.
Sie stützt sich auf den Tisch
und versucht sich hinzustellen.
Aber das klappt nicht.

„Mein rechter Fußknöchel!", stöhnt sie. „Und mein Handgelenk! Beides tut ziemlich weh!"
„Hoffentlich ist nichts gebrochen", sagt Tinas Papa. „Das kann nur ein Arzt feststellen. Am besten fahre ich Sie sofort ins Krankenhaus."
„Sofort?", fragt Frau Kellermann und sieht ganz verzweifelt aus. „Ausgerechnet am Heiligen Abend? Ich habe ja kaum angefangen, den Tannenbaum zu schmücken."
Tinas Mama legt ihr einen Arm um die Schultern. „Fußknöchel und Handgelenk sind jetzt wichtiger",

sagt sie. „Sie müssen das untersuchen lassen. Vielleicht sind Sie schon bald wieder zu Hause."
„Und Dominik?", fragt Frau Kellermann. „Soll ich ihn mit ins Krankenhaus nehmen?"
„Dominik bleibt bei uns", antwortet Tinas Mama. „So lange, bis Sie zurück sind."

Dominik weint dicke Tränen.
Tina schiebt ihre Hand in seine.
Er hält sie ganz fest.

Er hält Tinas Hand auch noch fest, als er mit ihr unten auf der Straße steht und seiner Mama nachwinkt, die mit Tinas Papa davon fährt. Zum Krankenhaus. Zu einem Arzt, der sich um den Fußknöchel und das Handgelenk kümmert. Und der dann hoffentlich feststellt, dass alles gar nicht so schlimm ist.

Als das Auto um die Ecke biegt, folgen die Kinder Tinas Mama ins Haus. Immer noch Hand in Hand, aber jeder in seine Gedanken vertieft. Sie gehen in Tinas Zimmer und spielen Memory. Dabei muss man nicht so viel reden.

Einmal kommt Tinas Mama herein und stellt ihnen einen Teller Plätzchen hin. Das erinnert die Kinder daran, dass heute Heiliger Abend ist. Wie wird es bei ihnen wohl sein, wenn die Dunkelheit kommt, wenn überall Kerzen brennen und Geschenke ausgepackt werden?

Tinas Papa lässt auf sich warten.
Als er endlich kommt,
ist Dominiks Mama nicht bei ihm.
Sie muss im Krankenhaus
noch untersucht werden.
Das kann dauern!

Dominiks Augen füllen sich gleich wieder mit Tränen. Er macht sich Sorgen um seine Mama. Er hat Angst, dass sie heute nicht mehr nach Hause kommt. Er will nicht, dass sie am Heiligen Abend im Krankenhaus liegt.
„Nach der Untersuchung ruft sie uns an", sagt Tinas Papa. „Bis dahin müssen wir uns gedulden."
„Das wird bestimmt schrecklich", sagt Dominik.
„Deine Mama hatte eine gute Idee", antwortet Tinas Papa. „Damit uns die Zeit nicht so lang wird, sollen

wir schon mal den Tannenbaum schmücken."

„Wir haben doch gar keinen!", sagt Tina.

„Aber wir!", ruft Dominik und wischt sich die Tränen ab. Er weiß, was seine Mama gemeint hat. „Den können wir bei euch aufstellen und schmücken. Mit unserem Schmuck und mit eurem."

„Genau!" Tinas Papa lacht. „Dann ist meine Tochter mir auch nicht mehr böse, dass ich vergessen habe, einen Baum zu besorgen."

Tina schaut Dominik an.

Dominik schaut Tina an.

„Also dann findet ihr Tannenbäume gar nicht blöd", stellt Dominik fest.
„Überhaupt nicht", gesteht Tina. „Das habe ich bloß so gesagt. Weil ich sauer war, dass wir keinen hatten. Und ein bisschen neidisch war ich wohl auch."
„Das kann ich verstehen!", sagt Dominik. „Unser Baum ist wirklich besonders schön. Allerdings ein bisschen zu groß. Unser eigener Schmuck hätte wahrscheinlich gar nicht ausgereicht."
„Das Problem ist ja nun aus der Welt geschafft", meint Tinas Mama. „Also machen wir uns an die Arbeit!"

**Alle vier gehen nach nebenan
und tragen den Tannenbaum
vorsichtig herüber.
Den Schmuck und die Leiter
nehmen sie auch mit.**

Aufrecht, gerade und groß steht der Baum im Wohnzimmer. Nun wird er geschmückt – mit Kugeln, Ketten und Sternen. Silberne Vögel sitzen auf seinen Zweigen, goldene Nüsse verstecken sich in seinem Grün, kleine Engel zeigen stolz ihre Instrumente.
Zum Schluss werden die Kerzen befestigt. „Echte Kerzen!", sagt Tina zufrieden. Dominik nickt: „Ich freue mich schon, wenn sie brennen."
Als der Baum fertig ist, dämmert es bereits. Dominiks Mama ist jetzt seit zwei Stunden im Krankenhaus und hat noch immer nicht angerufen. Ist das ein gutes Zeichen oder ein schlechtes?

Dominik geht mit Tina ans Fenster
und blickt hinaus auf die Straße.
Dicke Schneeflocken tanzen
im Licht der Laternen.
Tina nimmt Dominiks Hand und sagt:
„Weiße Weihnachten! Siehst du?"

Dominik nickt. Es könnte alles so schön sein, wenn … Er drückt Tinas Hand.
Da klingelt das Telefon. Tinas Papa nimmt den Hörer ab. „Ja?", sagt er. „Wirklich? – Das nenne ich *Glück*

gehabt. – Dominik wird sich freuen. – Wir freuen uns natürlich auch. – Übrigens, das mit dem Tannenbaum war eine gute Idee. Wir haben ihn in unserer Wohnung alle zusammen geschmückt."
Dominik strahlt und Tina hüpft auf der Stelle. Ihr Papa legt lächelnd den Hörer auf und sagt. „Mir scheint, ich muss nichts mehr erklären."
Trotzdem erklärt er, dass Dominiks Mama am Telefon war, dass sie sich weder den Fußknöchel noch das Handgelenk gebrochen hat und dass sie nicht im Krankenhaus bleiben muss.

„Deswegen hole ich sie jetzt ab",
sagt Tinas Papa.
„Will vielleicht jemand mitfahren?"
Na, und ob! Dominik will.
Tina will auch.

Nur Tinas Mama schüttelt den Kopf. Sie bleibt lieber zu Hause. Bis die Kerzen am Tannenbaum brennen hat sie noch einiges zu tun. Was? Das verrät sie nicht. Vielleicht hat es mit dem Abendbrot zu tun, an dem nun fünf Leute teilnehmen werden. Vielleicht will sie auch auf dem Klavier noch mal ein paar Takte üben. Bei *Tochter Zion* greift sie an einer Stelle immer daneben.

Dominiks Mama wartet schon
vor dem Krankenhaus.
Sie hat zwei dicke weiße Verbände,
aber sie sieht sehr vergnügt aus.

„Jetzt müssen wir alle zusammen Weihnachten feiern", sagt Tina zufrieden. „Weil wir nämlich nur einen einzigen Tannenbaum haben."

„Müssen?", fragt Dominik. „Sag lieber, wir dürfen!"
„Finde ich auch", sagt seine Mama. „Ein geteilter Tannenbaum ist manchmal ein doppeltes Glück."

Bunte Christbaumkugeln basteln

Bitte deine Eltern, dir zu helfen.
Dann geht es ganz leicht!

Dafür brauchst du:
Farbigen Tonkarton * Band oder Kordel * ein Glas * Bleistift * Schere * Klebestift

Und so geht's:
* Male 6 runde Kreise auf den Karton. Benutze das Glas als Schablone.
* Schneide die Kreise vorsichtig aus.
* Falte die Kreise in der Mitte.
* Klebe nun je eine Kreishälfte auf eine weitere Kreishälfte. Es wird immer die linke Seite eines Kreises auf die rechte Seite des anderen Kreises geklebt, sodass ein Fächer entsteht.

* Bevor du die letzten beiden Halbkreise aneinanderklebst, die die Kugel schließen, legst du die Kordel dazwischen. Knote sie zu einer großen Schlaufe, lege sie in die Mitte der Kugel und klebe die letzten beiden Halbkreise zusammen.
* Fertig ist dein schöner Christbaumschmuck!

Unterwegs zum Jesuskind

Die Heilige Nacht war angebrochen. Die Engel oben im Himmel freuten sich sehr. Sie jubelten, weil sie auf die Erde fliegen und den Menschen die Frohe Botschaft bringen durften. Sie strahlten, weil sie einen Blick in den Stall von Bethlehem tun und das eben geborene Jesuskind anschauen durften. Sie glühten vor Stolz, weil sie die Lieder singen durften, die sie immer wieder geübt hatten und die nun so schön klangen, dass sie selbst darüber staunten.

Freuten sich in dieser Nacht
wirklich alle Engel?
Nein, nur die großen!
Der kleinste durfte nämlich
noch nicht mit auf die Erde.

Die vier Erzengel Michael, Gabriel, Raphael und Uriel hielten den Weg für zu weit und zu gefährlich. Deshalb hatten sie beschlossen, dass der kleine Rufus im Himmel bleiben sollte.

„Dich würden unterwegs die Kräfte verlassen", sagte Michael. „Was sollten wir dann mit dir anfangen?"

„Du kannst unser Tempo nicht halten", sagte Gabriel. „Und weil wir unbedingt pünktlich sein müssen, können wir darauf keine Rücksicht nehmen."

„Deine Flügel sind noch viel zu schwach", sagte Raphael. „Wenn du dir einen brichst, würde das schreckliche Folgen haben."
„Außerdem hast du sehr oft unsere Chorproben geschwänzt", sagte Uriel. „Du würdest dich nur schämen, wenn du unten auf der Erde falsch singst oder den Text der Frohen Botschaft nicht weißt."

Rufus senkte den Kopf und hörte aufmerksam zu.

Er sagte kein einziges Wort. Aber heimlich dachte er: Das habt ihr euch ja fein ausgedacht! Natürlich fliege ich trotzdem mit auf die Erde! Mir wird schon nichts passieren. Ich darf mich allerdings nicht erwischen lassen!

Als die Stunde der Abreise schlug, versteckte sich der kleine Engel hinter einer Wolke und schaute zu, wie seine großen Brüder am Himmelstor Aufstellung nahmen. Sie waren so aufgeregt und so mit sich selbst beschäftigt, dass sie ihn nicht bemerkten.

Als der Letzte durchs Tor trat, sprang ihm Rufus unbemerkt auf den Rücken und kuschelte sich in die Falten des weiten Gewandes.

Ahnungslos trug ihn der große Engel am Mond und an den Sternen vorbei der Erde entgegen.
Das hat ja prima geklappt!, dachte Rufus. Und die Reise ist kein bisschen anstrengend! Sein Herz klopfte immer heftiger. Berge und Täler, Wälder und Felder, Städte und Dörfer kamen mit großer Geschwindigkeit näher.
Neugierig reckte der kleine Engel den Hals. Wo war der Stall von Bethlehem? Wo waren die Hirten mit ihren Schafen? Wo waren Maria und Josef? Wo war das Jesuskind?

Rufus vergaß alle Vorsicht und kroch Stück für Stück aus seinem Versteck.

Als ein Windstoß von der Seite kam, konnte er sich nicht mehr halten. Mit einem Schrei ließ er los. Er schwankte und fiel. Der große Engel bemerkte es nicht, sondern beeilte sich, seinen voranfliegenden Brüdern zu folgen.
Rufus breitete ebenfalls die Flügel aus – doch sie trugen ihn nicht gegen den Wind. Sie bremsten nur seinen Fall ein wenig und sorgten dafür, dass er nicht allzu hart aufschlug. Mit einem Plumps landete er im Garten eines kleinen würfelförmigen Hauses.
Einen Augenblick blieb er benommen liegen, dann rappelte er sich auf, befühlte alle seine Glieder und stellte erleichtert fest, dass keines gebrochen war.

Sein rechter Flügel hatte
ein paar Federn verloren.
Doch zum Glück tat er nicht weh.
Rufus nahm sich vor,
ihn eine Weile zu schonen.
Deshalb ging er zu Fuß weiter.

Jetzt musste er nur noch herausfinden, wo der Stall von Bethlehem war. Er blickte sich suchend um. Kein Mensch zu sehen! Aus den Fenstern des kleinen

Hauses, vor dem er gelandet war, fiel jedoch Licht in den Garten. Vielleicht wohnten da Leute, die ihm auf den Weg helfen würden.
Rufus klopfte an die Tür. Der Mann, der sie öffnete, wirkte ziemlich erstaunt. Anscheinend hatte er noch nie einen Engel gesehen.
„Du bist schon mitten in Bethlehem!", antwortete er auf Rufus' Frage. „Und Ställe gibt es hier jede Menge. Keine Ahnung, welchen du suchst!"
„Den, wo der kleine Jesus geboren ist", erklärte Rufus, „nämlich unser König und Herr."
Der Mann tippte sich an die Stirn und knurrte: „Du spinnst wohl!" Dann schlug er die Tür zu.

Rufus drehte sich um und ging.
Er wanderte die Straße entlang
und kam an ein Wirtshaus.
Fröhlicher Lärm drang heraus.

Der kleine Engel trat ein und ging durch die Menge der staunenden Gäste bis ganz nach hinten, wo die Weinfässer standen. Dort füllte der Wirt die Gläser.
Als er Rufus erblickte, fragte er lachend: „Na, du geflügelter Zwerg, was willst du trinken? Weißen Wein oder roten?"

„Ich habe überhaupt keinen Durst", antwortete Rufus. „Ich möchte nur wissen, wo hier in der Nähe der Stall ist, in dem das Jesuskind liegt, ich meine – der neugeborene Sohn Gottes."
Der Wirt lachte noch lauter und sagte: „Was redest du da? Mach, dass du heim und ins Bett kommst, kleiner Schwachkopf!"
Die anderen Gäste stimmten in sein Gelächter ein und schoben Rufus schnell hinaus auf die Straße.

Rufus wanderte weiter.
Er wäre jetzt lieber geflogen.
Aber er dachte an seinen Flügel
und setzte tapfer
einen Fuß vor den anderen.

Als er ein ganzes Stück gegangen war, kam ihm ein Mann mit einem Esel entgegen. Er warf ihm einen erstaunten Blick zu und hielt sein Tier an.
„Wo willst du denn hin?", fragte der Mann neugierig.
„Ich suche nach einem Stall", antwortete Rufus. „Er muss auf einer Weide liegen, wo mehrere Hirten ihre Schafe hüten."

Der Mann schüttelte belustigt den Kopf. „Was willst du denn in einem Stall? Du hast doch gar kein Tier?"
„Stimmt!", erwiderte Rufus. „Mir geht es auch nicht um den Stall, sondern um die Leute, die heute darin übernachten – um Maria und Josef und den neugeborenen Jesus."
Wieder schüttelte der Mann den Kopf. „Maria und Josef kenne ich nicht. Und neugeborene Schreihälse kann ich nicht ausstehen."

„Der kleine Jesus ist kein Schreihals", erklärte Rufus. „Er ist das liebste Kind der Welt und wird die Menschen eines Tages von all ihren Sünden erlösen."

„Dummes Zeug!", sagte der Mann.
„Das höre ich mir nicht länger an."
Er gab dem Esel einen Klaps
und beide zogen schnell weiter.

Rufus seufzte, gab aber die Hoffnung nicht auf. Er lief und lief, bis er irgendwann das Blöken von Schafen vernahm. Beinahe im selben Augenblick sah er einen großen Stern über den Himmel wandern und plötzlich stillstehen.
Da ahnte er, dass der Stall von Bethlehem nicht mehr weit entfernt sein konnte. Seine großen Brüder waren anscheinend schon angekommen. Er erkannte das Licht, das von ihnen ausging, und den Gesang, den sie eben anstimmten.
Rufus blieb stehen. Sein Herz klopfte vor Freude und Aufregung. Aber wie sollte er sich verhalten? Sollte er zu den anderen Engeln laufen und ganz selbstverständlich Hallo sagen? Oder sollte er versuchen, sich unbemerkt in den Stall zu schleichen?

Darüber musste er nachdenken!
Also setzte er sich auf die Wiese.
Hilfe! Da kam ein riesiger Hund!
Er bleckte die Zähne und knurrte.

Rufus blieb ruhig sitzen und streckte dem Tier die Hand entgegen. „Komm her, mein Guter!", sagte er. „Ich bin dein Freund und auch der Freund der Schafe, die du bewachst."

Der Hund klappte sein Maul zu und kam vorsichtig näher. Zuerst schnupperte er an der ausgestreckten Hand, dann wedelte er mit dem Schwanz.
„Na, siehst du!", sagte Rufus. „Ich wusste doch, dass wir zwei miteinander auskommen würden. Aber hör mal – hast du auch einen Herrn, mit dem ich mich ein bisschen unterhalten kann?"
„Wuff", machte der Hund, drehte sich um und lief in gemäßigtem Tempo über die Wiese. Dann blieb er stehen.

Vor ihm lag eine zerlumpte Decke.
Darauf saß ein Junge und strickte.
Die Nadeln blitzten im Mondlicht.

Der Junge blickte auf und musterte Rufus. Seltsamerweise schien er nicht besonders erstaunt.
„Suchst du mich?", fragte er. „Wenn mein Hund dich zu mir bringt, hast du wohl redliche Absichten."
„Die habe ich!", antwortete Rufus. „Ich suche den Stall, in dem heute der kleine Jesus geboren wurde, der Sohn Gottes und unser aller Heiland und Herr."
Wieder zeigte sich der Junge nicht sehr überrascht.
„Du hast dein Ziel fast erreicht", sagte er und wies mit dem Kopf auf eine in einiger Entfernung liegende

Holzhütte. „Siehst du den großen Stern dort? Er unterscheidet den Stall von allen anderen."

„Warst du schon dort?", fragte Rufus eifrig. „Hast du das Jesuskind schon gesehen?"

Der Junge schüttelte den Kopf. „Die gute Nachricht kam von den Engeln. Die großen Hirten haben sich gleich auf den Weg gemacht. Aber mich haben sie hier gelassen Ich soll mit dem Hund die Schafe bewachen."

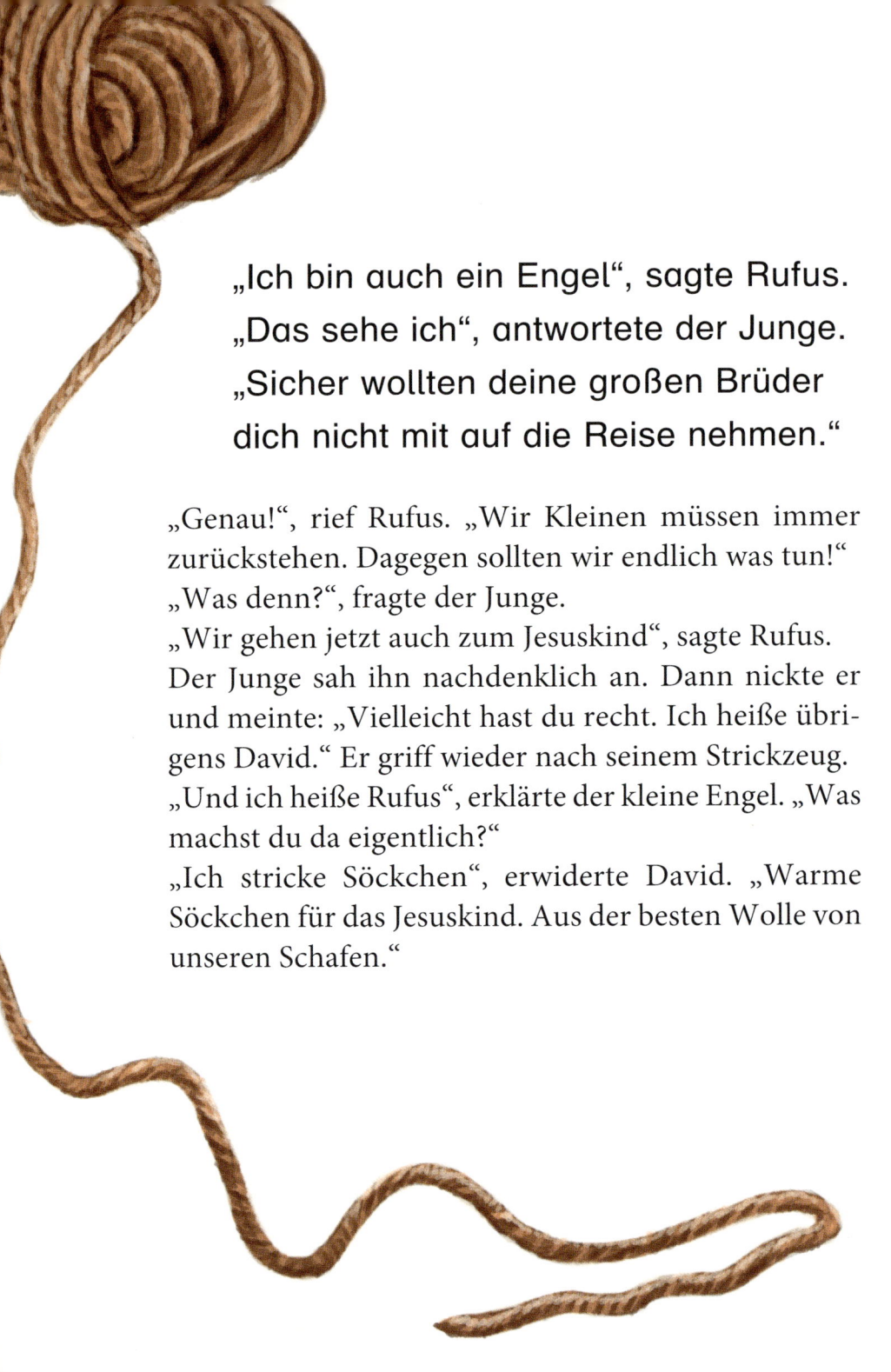

„Ich bin auch ein Engel", sagte Rufus.
„Das sehe ich", antwortete der Junge.
„Sicher wollten deine großen Brüder dich nicht mit auf die Reise nehmen."

„Genau!", rief Rufus. „Wir Kleinen müssen immer zurückstehen. Dagegen sollten wir endlich was tun!"
„Was denn?", fragte der Junge.
„Wir gehen jetzt auch zum Jesuskind", sagte Rufus. Der Junge sah ihn nachdenklich an. Dann nickte er und meinte: „Vielleicht hast du recht. Ich heiße übrigens David." Er griff wieder nach seinem Strickzeug.
„Und ich heiße Rufus", erklärte der kleine Engel. „Was machst du da eigentlich?"
„Ich stricke Söckchen", erwiderte David. „Warme Söckchen für das Jesuskind. Aus der besten Wolle von unseren Schafen."

„Das ist ein schönes Geschenk", sagte Rufus. „Was soll ich denn dem Jesuskind mitbringen?"
David zuckte ratlos die Achseln.
„Na ja", sagte Rufus, „vielleicht fällt mir unterwegs etwas ein. Jedenfalls ziehen wir jetzt erst mal los."

„Einverstanden", antwortete David. „Der Hund wird die Schafe bewachen, wenn wir unterwegs sind."

Er warf einen prüfenden Blick auf sein Strickzeug und biss dann zufrieden den Faden ab. Das zweite Söckchen war gerade fertig geworden.

„Jetzt sind wir Freunde", sagte Rufus. „wir werden zusammenhalten bei allem, was uns begegnet."
„Das werden wir", antwortete David. „Die Kleinen müssen das! Dann sind sie stark."
Seite an Seite zogen sie los. Das Licht des großen Sterns und der Gesang der Engel wiesen ihnen den Weg. Je näher sie dem Stall kamen, umso langsamer und vorsichtiger gingen sie. Schließlich suchten sie Schutz hinter einem struppigen Busch und spähten geduckt hervor.

Vor dem Stall hatten die Engel
gerade eine kleine Pause eingelegt.
Die Hirten steckten tuschelnd
die Köpfe zusammen.

„Sieht so aus, als hätten sie das Jesuskind noch gar nicht angeguckt", flüsterte Rufus.
„Alle passen sowieso nicht in den kleinen Stall", flüsterte David zurück.
Rufus nickte. „Dann gehen wir zwei eben zuerst."
„Einfach so?", fragte David zweifelnd.
„Einfach so!", antwortete Rufus entschieden.
Sie fassten sich bei den Händen, verließen ihr Versteck und näherten sich ohne zu zögern dem Stall.
„Da ist ja Rufus!", staunten die Engel. „Wie ist er denn bloß auf die Erde gekommen?"
„Dieser ungehorsame David!", schimpften die Hirten. „Er hat die Schafe einfach allein gelassen."
Rufus und David kümmerten sich nicht um die doppelte Aufregung. Sie hatten den Stall schon erreicht. Jeder hob eine Hand um zu klopfen.

Da öffnete sich langsam die Tür.
Josef stand auf der Schwelle.
Ein wenig verwirrt blickte er über
die Menge der Engel und Hirten.
Dann erst sah er Rufus und David.

„Noch so viel Besuch zu so später Stunde!", sagte er staunend. „Maria hat den kleinen Jesus gerade frisch gewickelt und in die Krippe gelegt. Gleich dürft ihr ihn sehen. Am besten die Kinder zuerst! Über sie freut sich ein Kind sicher am meisten."
Alle stimmten dem Vorschlag zu. Die Engel lächelten, die Hirten seufzten. Rufus und David strahlten.
Josef schob die beiden in den dämmrigen Stall. Eine Öllampe hing an der Wand und warf ihr schwaches Licht auf das göttliche Kind und die Mutter. Ein stattlicher Ochse und ein zierlicher Esel standen neben der Krippe. Ein weißes Taubenpärchen gurrte unter dem Dach.

Der Engel und der Hirtenjunge traten auf Zehenspitzen näher.

Das Jesuskind schlief nicht, sondern blickte aus großen Augen zu ihnen auf.

„Es ist wunderschön", sagte Rufus andächtig. „Noch viel schöner, als ich gedacht habe!"

„Aber so klein!", ergänzte David besorgt. „Hoffentlich friert es nicht – hier in dem kalten Stall."

Josef legte Maria liebevoll eine Hand auf die Schulter. „Seine Mutter hat ihm in den letzten Wochen vorsorglich die passenden Sachen gestrickt."

„Auch Söckchen?", fragte David eifrig. „Schöne warme Söckchen für seine winzigen Füße?"

Maria schüttelte betrübt den Kopf. „Nein, Söckchen nicht! Leider mussten wir aufbrechen, ehe sie fertig waren."
„Das trifft sich gut", sagte David stolz. „Ich meine, es trifft sich gut, dass ich dem kleinen Jesus Söckchen gestrickt habe. Aus der besten Wolle von unseren Schafen!"

Maria lachte und war sehr erfreut
über das schöne Geschenk.
Das Jesuskind strampelte vergnügt,
als sie ihm die Söckchen anzog.
David strahlte übers ganze Gesicht.

Und Rufus? – Rufus senkte den Kopf und warf einen betrübten Blick auf seine leeren Hände. Er schämte sich, dass er dem kleinen Jesus überhaupt nichts mitgebracht hatte.
Maria ahnte, was in ihm vorging. Sie strich ihm über das Haar und sagte: „Das Jesuskind ist bestimmt schrecklich müde. Doch von allein findet es wohl nicht in den Schlaf. Hast du nicht Lust, ihm ein Schlaflied zu singen. Ich finde, das wäre ein ganz wunderbares Geschenk!"

Rufus atmete auf und sah sie voller Dankbarkeit an. Er wusste, dass er eine hübsche Stimme besaß und immer die richtigen Töne traf. Nur dass er die Chorproben der großen Engel so oft geschwänzt hatte, machte ihm Kummer.

Ein Schlaflied sollte er jetzt singen? Ihm wollte so schnell keines einfallen. Er horchte in sich hinein. Plötzlich war – so oder so ähnlich – ein ganz kleines Schlaflied in seinem Kopf. In seinen Ohren. Und dann auch auf seinen Lippen. Er beugte sich über die Krippe und sang:

Schlaf, Christkind, schlaf!
Der David hüt' die Schaf'.
Der Rufus ist ein Engelein
und möchte dein Beschützer sein.
Schlaf, Christkind, schlaf!

Während Rufus sang, schaute der kleine Jesus ihn unverwandt an. Beim letzten Ton schloss er die Augen und schlummerte zufrieden ein.
„Das Lied war sehr schön!", sagte Maria. „Genauso schön wie die Söckchen. Ich danke euch von Herzen für die zwei wunderbaren Geschenke. Das eine wie das andere hat dem Jesuskind in dieser Nacht ohne Zweifel sehr gut getan."
Josef nickte und schüttelte Rufus und David die Hand. Dann brachte er sie zur Tür. Nach einem letzten Blick auf das schlafende Kind verließen die beiden leise den Stall.

Draußen standen auf der einen Seite die Engel, auf der anderen die Hirten. Ihre Aufregung hatte sich inzwischen gelegt. Alle sahen den ersten Besuchern des Jesuskindes freundlich und voller Spannung entgegen.

„Erzählt, wie es war!", riefen sie.

„Geht es dem Kindchen denn gut?"

„Was hat seine Mutter gesagt?"

„Hat es Platz genug in der Krippe?"

„Können wir es nun auch sehen?"

Rufus und David beantworteten alle Fragen so gut sie konnten. Danach hockten sie sich still und zufrieden ins Gras. Geduldig sahen sie zu, wie die Engel und die Hirten jeweils zu zweit in den Stall traten und mit leuchtenden Augen wieder herauskamen.

Als Josef die Tür schließlich hinter dem letzten geschlossen hatte, flogen die Engel in den Himmel zurück. Der Erzengel Michael trug Rufus auf seinen Schultern.

Die Hirten machten sich ebenfalls auf den Heimweg. David lief allen voran. Er war der erste, den der Hund freudig bellend begrüßte.

**Noch eine ganze Weile
winkte Rufus zur Erde hinab
und David zum Himmel hinauf.**

Beide wussten, dass sie sich wohl nie wiedersehen würden. Aber sie wussten auch, dass sie sich immer aneinander erinnern würden. Und an das, was sie zusammen erlebt hatten!

Im Stall zu Bethlehem

Viele Menschen und Tiere besuchen das Jesuskind im Stall zu Bethlehem. Doch hier haben sich zwei Besucher eingeschlichen, die bestimmt nicht da waren. Weißt du, welche es sind?

Timmis Weihnachtswunsch

Weihnachten steht vor der Tür. Mama hat schon ein paarmal gesagt, dass es höchste Zeit für den Wunschzettel ist. Timmi hat jedes Mal genickt und gemurmelt: „Jaja, ich weiß!" Papier und Stift hat er allerdings in seinem Schreibtisch gelassen.

Dabei kann er inzwischen schreiben! Natürlich nicht ganz ohne Fehler, aber auf alle Fälle gut leserlich. Letztes Jahr hat er seine Wünsche noch auf den Zettel gemalt. Doch jetzt kennt er sämtliche Buchstaben und weiß, wie man sie zusammensetzt.

Und warum schreibt Timmi dann nicht? Es ist nicht so, dass er in diesem Jahr keinen Weihnachtswunsch hätte. Es gibt sogar etwas, von dem er Tag und Nacht träumt. Aber er hat keine Ahnung, ob das ein Fall für den Wunschzettel ist. Es handelt sich nämlich nicht um einen Gegenstand, sondern gewissermaßen um einen Beruf.

**Timmi hat neulich im Fernsehen
einen Film mit Cowboys gesehen.
Seitdem möchte er unbedingt
auch so ein toller Kerl werden.
Kann man sich das wohl
zu Weihnachten wünschen?**

Heute stehen Timmi und Mama in der Küche. Sie backen Plätzchen, Nussplätzchen mit Schokoladenglasur. Als das letzte Backblech im Herd ist, sagt Mama wieder: „Junge, es ist höchste Zeit für den Wunschzettel!"

Kurz entschlossen setzt sich Timmi an den Tisch und stellt die Frage, die ihn schon lange beschäftigt: „Kann ich eigentlich alles aufschreiben, was ich mir wünsche?"

„Aufschreiben kannst du's bestimmt", antwortet Mama. „Ob du es dann bekommst, musst du natürlich abwarten."

„Abwarten dauert entsetzlich lange!", seufzt Timmi. „Genau wie Weihnachten überhaupt."

„Ich weiß", sagt Mama. „Umso größer ist nachher die Freude."

Na ja, das hört sich doch gar nicht schlecht an! Timmi

nimmt also Papier und Stift. Langsam und sorgfältig schreibt er: *Mein größter Wunsch ist Cowboy sein.* Er schreibt alles richtig, sogar das schwierige Wort *Cowboy*. Er hat es allerdings auch ein paarmal geübt.

Natürlich unterschreibt er
mit seinem richtigen Namen: Timmi.
Dabei würde er entschieden lieber
Tommy heißen oder auch Jimmy.
Das klingt viel mehr nach Cowboy!

Als er den Stift aus der Hand legt und das Papier zusammenfaltet, hat er trotzdem ein gutes Gefühl.
Mama fragt erstaunt: „Bist du schon fertig?"
Timmi nickt. „Ich habe dieses Jahr nur einen einzigen Wunsch."
Mama schaut ihn nachdenklich an: „Und wenn der mal nicht in Erfüllung geht?"
Aber das Schreiben hat Timmi zuversichtlich gemacht. „Keine Sorge!", sagt er und lacht. „Ich glaube, dass Weihnachten alle Wünsche in Erfüllung gehen."
„Wollen wir's hoffen!", meint Mama und sieht ein bisschen besorgt aus.
Ehe Timmi ins Bett geht, legt er den Wunschzettel in seinem Zimmer auf die Fensterbank. Am nächsten Morgen wird der Umschlag verschwunden sein. Das weiß er genau. Er lehnt seinen Kopf gegen das Glas und schaut einen Augenblick hinaus in die Nacht. Er sieht eine Sternschnuppe über den Himmel wandern. Sicher ist das ein gutes Zeichen.

**Nachts hat Timmi einen tollen Traum.
Er reitet als Cowboy über die Prärie.**

Zuerst prasselt der Regen, dann brennt die Sonne. Sein Hut mit der breiten Krempe spendet ihm Schutz und Schatten. Sein feuriger Hengst gehorcht dem Klang seiner Stimme und dem Druck seiner Stiefel. Ganz allein treibt er eine große Viehherde vor sich her. Er kennt den Weg und das Ziel. Er fürchtet sich nicht. „Jippiiih!", ruft Timmi.

Leider wacht er jetzt auf. Schade, dass der Traum schon zu Ende ist! Vielleicht hätten im nächsten Moment hinter irgendeinem Busch ein paar Indianer gelauert. Mit denen wäre er gewiss fertig geworden.
Nun, was nicht ist, kann ja eines Tages noch werden! Timmi springt aus dem Bett und läuft zur Fensterbank. Sein Wunschzettel ist weg und Weihnachten ist ein Stückchen näher gerückt.

Timmi erzählt keinem Menschen von seinem Wunschzettel. Auch nicht seiner Freundin Hanna.

Er kennt Hanna schon aus dem Kindergarten. Jetzt geht sie in die zweite Klasse wie er. Oft treffen sie sich nachmittags zum Spielen, mal bei Hanna und mal bei Timmi.
Heute hocken sie in Hannas Zimmer auf dem Teppich und bauen aus Legosteinen ein Schloss – ein Schloss für Hannas Prinzessin. Dabei gibt es diese Prinzessin noch gar nicht. Hanna hat sie sich nämlich erst zu Weihnachten gewünscht.
Die Prinzessin soll blond sein und blaue Augen haben. Ihre Haare sollen mindestens bis auf die Schultern reichen. Ihre Arme und Beine müssen sich gut bewegen

lassen, damit man sie leicht an- und ausziehen kann. Natürlich hat sich Hanna auch schöne Kleider für die Prinzessin gewünscht. Am liebsten in Rosa. Dazu einen langen Umhang, einen kurzen Schleier und ein goldenes Krönchen.

Gestern hat Hanna alle Sachen
auf ihren Wunschzettel geschrieben.
Jetzt fragt sie Timmi neugierig:
„Was ist denn dein größter Wunsch?"

Timmi baut eben mit großer Sorgfalt einen Balkon an das Schloss. Er blickt nicht auf, sondern murmelt vor sich hin: „Das sage ich dir, wenn er in Erfüllung gegangen ist."

„Also Weihnachten?", fragt Hanna.

„Klar, Weihnachten!", antwortet Timmi.

Aber ausnahmsweise denkt er nicht an seinen eigenen Wunsch, sondern an Hannas fein gekleidete Prinzessin, die wahrscheinlich mitsamt ihren rosa Klamotten schön verpackt unterm Tannenbaum liegen wird.

Ganz plötzlich hat er ein komisches Gefühl in der Magengegend. – Warum bloß? Er war doch bis vor Kurzem ganz sicher, dass Weihnachten alle Wünsche in Erfüllung gehen. Auch wenn man sich das jetzt noch nicht vorstellen kann.

Wohin Timmi auch kommt, es ist überall das Gleiche. Alle Kinder reden von Weihnachten und von den Geschenken, auf die sie hoffen.

Simon wünscht sich
ein Skateboard.
Lisa wünscht sich eine Babypuppe.
Robert wünscht sich eine Ritterburg.
Nele wünscht sich Schlittschuhe.
Tobias wünscht sich eine Gitarre.

Alle erzählen, was sie auf ihre Wunschzettel geschrieben haben. Keiner macht ein Geheimnis aus seinen Wünschen. Nur Timmi zuckt die Achseln, wenn man ihn fragt. Wahrscheinlich fürchtet er, dass die anderen sich an die Stirn tippen und sagen: „Wie stellst du dir das denn vor?"

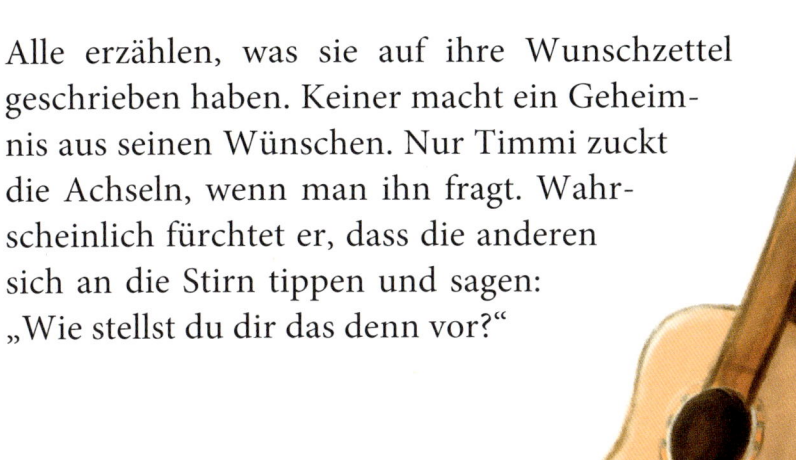

Tatsächlich weiß Timmi selbst nicht, wie er sich das vorstellt. Tagsüber denkt er nicht weiter darüber nach, nachts reitet er als Cowboy durch die Prärie. Alles andere wird sich Weihnachten finden.

So kommt der Heilige Abend. Alles ist wie immer und wie es sich da gehört: das bescheidene Mittagessen, der endlose Nachmittag, das Teetrinken mit Oma und Opa, der gemeinsame Gang in die Kirche und der Heimweg durch die festlich geschmückten Straßen der Stadt.

Schließlich das Warten auf die Bescherung! Timmi sitzt mit Oma und Opa in der Küche und spielt ein Kartenspiel. Dann noch eins. Und noch eins. Im Wohnzimmer sind Mama und Papa schwer beschäftigt. Allerlei geheimnisvolle Geräusche dringen herüber.

Irgendwann hört man ein Läuten.
Kommt es vom Silberglöckchen?
Nein, es ist bloß das Telefon.
Wer ruft denn da an?
Ausgerechnet am Heiligen Abend!

Oma schüttelt den Kopf. Opa runzelt die Stirn. Timmi seufzt. Hoffentlich dauert das Gespräch nicht so lange! Nein, schon steckt Papa seinen Kopf durch den Türspalt. „Wir kriegen nachher noch Besuch", sagt er hastig. „Wahrscheinlich zum Abendbrot, also erst nach der Bescherung."
„Wer ist es denn?", erkundigt sich Oma.
„Ein alter Freund", sagt Papa. „Ich habe ihn ewig nicht gesehen. Er kommt aus Texas und möchte gern mal wieder deutsche Weihnachten erleben. Ich konnte ihm das unmöglich abschlagen." Die Tür klappt zu und Papa ist wieder weg.

„Typisch Texas!", knurrt Opa. „Hätte sich der Mann nicht ein bisschen eher anmelden können?"
„Vielleicht ist er nett", meint Timmi – und vergisst den unerwarteten Besuch gleich wieder. Denn nun läutet wirklich das Silberglöckchen.

Das Wohnzimmer ist ganz verzaubert.
Oh, wie gut duftet der Tannenbaum!
Oh, wie hell strahlen die Kerzen!

Die ganze Familie bestaunt und bewundert den Anblick, der so vertraut ist und doch jedes Jahr neu. Eine Weile schweigen sie alle, dann greift Mama nach der Gitarre und stimmt das erste Lied an: „Stille Nacht, heilige Nacht ..."

Timmi lehnt sich zurück. Sein Blick wandert zu den Paketen, die unter dem Tannenbaum liegen – große und kleine, flache und bucklige, alle bunt verpackt und mit Schleifen verziert.

Sicher sind ein paar Überraschungen für Timmi dabei. Er hat ja nur einen einzigen Wunsch auf seinen Zettel geschrieben. Doch diese Überraschungen sind ihm egal. Er brennt nur darauf zu erfahren, wie es sich anfühlt, Cowboy zu sein.

Aber geht das denn ohne Pferd?
Man kann doch ein Pferd nicht
unter den Tannenbaum stellen!
Es lässt sich doch nicht verpacken
und mit einer Schleife verzieren!

Alles Blödsinn!, denkt Timmi. Das Pferd ist genauso
ein Blödsinn wie die Prärie und die Viehherde, der
Hut und die Stiefel. Der ganze Wunsch, Cowboy zu

sein, ist ein einziger Quatsch. Er lässt sich gar nicht erfüllen.
Als Mama *Oh, du fröhliche* anstimmt, ist Timmis Kehle ganz eng. Er kriegt keinen Ton mehr heraus. Und als Papa schließlich sagt: „Jetzt wird ausgepackt!", bleibt er wie festgeklebt sitzen.
Opa legt ihm das erste Paket auf den Schoß.
„Danke", sagt Timmi höflich. Ungewöhnlich langsam löst er die Schleife. Überraschend sorgfältig wickelt er das Papier ab.
Zum Vorschein kommt ein Zauberkasten. Ja natürlich, irgendwann hat Timmi gesagt, so einen Kasten fände er gut. Jetzt legt er ihn schnell beiseite. Dann steht er steifbeinig auf und packt auch die anderen Sachen aus, die für ihn bestimmt sind: ein Buch, ein Spiel, ein Sweatshirt, eine Schachtel Buntstifte, eine DVD und jede Menge Süßigkeiten.

Papa dreht die DVD in der Hand.
und sagt: „Oh, das ist ja ein Western!
Spielt in der Prärie und erzählt
von einem mutigen Cowboy."

„Wird mir bestimmt gefallen", sagt Timmi. Er tut sehr erfreut, aber am liebsten möchte er weinen. Da träumt er nun seit Wochen davon, selbst ein Cowboy zu sein, und jetzt soll er sich eine DVD angucken!
„Bist du nicht zufrieden mit deinen Geschenken?", fragt Mama. „Ich finde, du siehst ein bisschen enttäuscht aus."
„Natürlich bin ich zufrieden", behauptet Timmi. Er trägt alles, was er bekommen hat, in sein Zimmer. Da hockt er, bis Mama zum Abendbrot ruft.
Der Tisch ist festlich gedeckt. In der Mitte brennen fünf weiße Kerzen in einem silbernen Leuchter. Ein Stuhl bleibt leer, ein Gedeck unbenutzt.
„Es sollte doch noch Besuch kommen", sagt Opa. „Müssen wir mit dem Essen nicht auf ihn warten?"
Papa schüttelt den Kopf. „Johnny ist ein lockerer Typ. Wenn er zu spät kommt, nimmt er bestimmt gern die Reste."

**Timmi hat keinen rechten Appetit.
Dabei gibt es lauter leckere Sachen.**

Irgendwann klingelt es an der Tür. Papa läuft hin. Er freut sich anscheinend. Der Mann, mit dem er zurückkommt, lacht auch übers ganze Gesicht. Seine Augen strahlen, seine Zähne blitzen. Er schüttelt allen kräftig die Hand und sagt jedes Mal: „Fröhliche Weihnachten!" Er spricht also deutsch, obwohl er aus Texas kommt.

„Johnny und ich, wir haben uns kennengelernt, als wir zwölf waren", erklärt Papa. „Damals hieß er noch Hans-Georg."
„Schon nach zwei Wochen waren wir gute Freunde", fügt Johnny hinzu. „Wir haben uns von Anfang an für dieselben Dinge interessiert. Das blieb auch so bis zum Ende der Schulzeit."
„Und warum heißt du jetzt Johnny?", fragt Timmi.
„Unser Englischlehrer nannte mich so. Der Name blieb an mir hängen. Ich weiß auch nicht, warum."

„Du sahst schon immer aus
wie ein Cowboy!", lacht Papa.
„Übrigens – unser Timmi hier
findet Cowboys ganz toll!"

„Ich weiß", nickt Johnny. „Du hast es mir doch geschrieben."
Timmi fühlt, wie sein Herz klopft. „Nach Texas?", fragt er.
„Ja klar, nach Texas", antwortet Johnny. „Da lebe ich schließlich seit fast zwanzig Jahren."
„Davon kannst du uns später erzählen", sagt Mama. „Jetzt musst du erst mal was essen."

„Ich nehme Kartoffelsalat mit Würstchen!", ruft Johnny. „Das habe ich ewig nicht mehr bekommen!"
Er lobt den Kartoffelsalat und sagt, dass deutsche Würstchen viel besser schmecken als texanische Steaks. Da geht Mama schnell in die Küche und legt noch ein paar Würstchen ins siedende Wasser. Während sie heiß werden, schlägt sich Johnny mit der flachen Hand gegen die Stirn und sagt:

„Da hätte ich ja fast was vergessen!
In meinem Koffer ist ein Geschenk.
Ein Weihnachtsgeschenk für Timmi!
Wenn er Cowboys mag,
freut er sich sicher darüber."

Johnny läuft hinaus in die Diele und bleibt eine Weile verschwunden. Als er zurückkommt, trägt er ein Paket vor sich her. Ein großes, ein sehr großes Paket! Es ist nicht bunt verpackt und hat überhaupt keine Schleife. Das braune Papier drum herum ist zerdrückt und ein bisschen schmutzig. Trotzdem sieht es sehr verheißungsvoll aus.

„Pack aus, Timmi!", sagt Johnny. „Ich bin mal gespannt, wie dir die Sachen gefallen."

Timmi nimmt das Paket und hockt sich damit auf den Fußboden. Warum zittern seine Finger denn so? Warum schlägt ihm das Herz bis zum Hals?

Aus dem braunen Papier schält sich ein grauer Karton. Der Deckel sitzt unglaublich fest. Er will einfach nicht herunter.

Timmi gibt sich die größte Mühe.
Er schüttelt und drückt und zieht.
Da – endlich hebt sich der Deckel!

Zum Greifen nahe liegt jetzt vor Timmi, was er nur aus dem Fernsehen kennt: ein brauner Filzhut mit schillerndem Band und breiter, biegsamer Krempe, ein rotes, weiß gemustertes Halstuch, ein ledernes Lasso und ein Paar Stiefel, leicht und hoch und vorne aufregend spitz.

„Ist das alles echt?", fragt er fassungslos.

Johnny nickt. „Und ob das alles echt ist! Es gibt nicht mehr viele Cowboys in Texas, aber ein paar, die sich auskennen, sind immer noch da."

„Und von denen hast du die Sachen?", fragt Timmi.

„Sie sind meine Freunde", erklärt Johnny. „Sie haben mir alles besorgt." Er hockt sich zu Timmi auf den Teppich und nimmt einen Gegenstand nach dem anderen aus dem Karton.

„Schau mal, das Hutband hier ist aus der Haut einer Klapperschlange gemacht. Das Halstuch war für den Cowboy Schweißtuch und Waschlappen zugleich. Mit dem Lasso hat er nicht nur Rinder, sondern auch wilde Pferde eingefangen. Und die Stiefel hat er nicht mal bei Nacht ausgezogen. So kostbar waren sie ihm."

„Hoffentlich passen sie mir!", sagt Timmi.

„Probier sie mal an!", antwortet Johnny. „Und alles andere auch."

Sofort zieht Timmi die Stiefel an.
Dann legt er das Halstuch um.
Schließlich setzt er den Hut auf.
Das Lasso hebt er wie zum Wurf.
Alles passt und steht ihm sehr gut.

„So sieht also ein echter Cowboy aus!", sagt Papa. Oma und Opa staunen nicht schlecht. Mama klatscht Beifall. Dann holt sie schnell die heißen Würstchen für Johnny.
Timmi läuft in die Diele und stellt sich vor den großen Spiegel. Oh ja, er ist sehr zufrieden mit seinem Anblick. Er sieht nicht nur aus wie ein Cowboy – er fühlt sich auch so. Das Einzige, was ihm noch fehlt, ist ein Pferd.
Natürlich macht er sich da keine Hoffnung. Wie sollte ein Pferd die Treppe hinauf und ins Wohnzimmer kommen? Wo sollte man es unterbringen? Was sollte man ihm zu fressen geben?
Timmi setzt sich wieder mit an den Tisch und isst das Würstchen, das Johnny beim besten Willen nicht mehr geschafft hat. Jetzt schmeckt es ihm sehr gut. Trotzdem grinst er und meint: „Ein texanisches Steak würde mir sicher auch schmecken!"

„Dann musst du mich eben mal besuchen kommen", sagt Johnny. „Ich lege dir eins auf den Grill."

„Bei dir zu Hause in Texas?", fragt Timmi.
„Ja klar", antwortet Johnny. „Vielleicht schaffst du es in den nächsten Sommerferien."
„Dürfen Mama und Papa auch mit?", erkundigt sich Timmi.
Johnny nickt. „Meinetwegen auch Oma und Opa. Ich habe mehr als genug Platz."
Oma und Opa schütteln den Kopf. Ihnen ist die Reise zu weit, aber Mama und Papa sehen gar nicht so abgeneigt aus.
Timmi schaut Johnny atemlos an. „Hast du auch Pferde?"
„Ja, einen Hengst und vier Stuten. Der Hengst ist ein braun-weißer Schecke, die Stuten sind braun. Die kleinste heißt Windrose und lässt sich ganz bestimmt von dir reiten."

Windrose, denkt Timmi.

Wirklich ein schöner Name!

Im Sommer werde ich also

auf Windrose durch Texas reiten.

In meinen Cowboysachen natürlich!

Den ganzen Abend hört Timmy voller Spannung zu, was Johnny erzählt. Als der schließlich sagt, er würde jetzt gern mit der ganzen Familie ein Weihnachtslied singen, schlägt Timmi gleich Oh, du fröhliche vor. Mama nickt und nimmt ihre Gitarre. Papa zündet noch einmal die Kerzen an.

Später beim Abschied sagt Johnny: „Das war ein sehr schöner Heiliger Abend – auch wenn ich ein bisschen zu spät gekommen bin."

Timmi schwenkt seinen Cowboyhut. Seitdem er weiß, dass schon einmal ein durstiges Pferd daraus getrunken hat, schätzt er ihn ganz besonders.

„Hauptsache, dass du überhaupt gekommen bist!", ruft er. „Sonst wäre mein größter Weihnachtswunsch nie in Erfüllung gegangen."

Jingle Bells

Auch Cowboys singen gerne Weihnachtslieder! Jingle Bells ist ein traditionelles amerikanisches Weihnachtslied. Probiere es mal aus.

Patricia Schröder
Erst ich ein Stück, dann du – Ein Drachenfreund für Linus

80 Seiten, farbig illustriert, ISBN 978-3-570-12971-5

Groß ist der Schritt vom Vorlesebuch zum Erstlesebuch, wenn man Leseanfänger ist und das Lesen noch anstrengend und mühsam ist. In vielen Familien heißt es darum heute: »Lass uns gemeinsam lesen. Erst ich ein Stück, dann du, wir wechseln uns ab.«

Fumo, der kleine Drache, schämt sich fürchterlich: Er kann kein Feuer spucken. Nicht das kleinste Rauchwölkchen kringelt sich aus seinen Nüstern. Untröstlich flieht Fumo und läuft direkt in die Arme von Linus, der auch kein Feuer spucken kann, denn Linus ist ein Menschenjunge. Bald sind die beiden dicke Freunde, und Fumo lernt: Man muss kein Feuer spucken können, um ein großer Held zu sein.

www.cbj-verlag.de

Patricia Schröder

Erst ich ein Stück, dann du

Groß ist der Schritt vom Vorlesebuch zum Erstlesebuch, wenn man Leseanfänger ist. Darum schlagen viele Eltern ihren Kindern vor:
»Lass uns gemeinsam lesen. Erst ich ein Stück, dann du, wir wechseln ab.«

Gefördert und empfohlen von der Stiftung Lesen.

Ein Drachenfreund für Linus
80 Seiten, farbig illustriert
ISBN 978-3-570-12971-5

Kleines Pony, großes Glück
80 Seiten, farbig illustriert
ISBN 978-3-570-13182-4

Leo und das Mutmach-Training
80 Seiten, farbig illustriert
ISBN 978-3-570-13310-1

Mirella und das Nixen-Geheimnis
80 Seiten, farbig illustriert
ISBN 978-3-570-13411-5

Camillo, ein Hund macht Ferien
80 Seiten, farbig illustriert
ISBN 978-3-570-13412-2

Eine Burg für Ritter Rudi
80 Seiten, farbig illustriert
ISBN 978-3-570-13547-1

Peggy, die Piratentochter
80 Seiten, farbig illustriert
ISBN 978-3-570-13644-7

Rivalen auf dem Fußballplatz
80 Seiten, farbig illustriert
ISBN 978-3-570-13708-6

Lisa rettet den Zauberwald
72 Seiten, farbig illustriert
ISBN 978-3-570-13709-3

Max und die Monsterfamilie
72 Seiten, farbig illustriert
ISBN 978-3-570-13710-9

www.cbj-verlag.de

Patricia Schröder
Erst ich ein Stück, dann du – 3 Hexengeschichten

ca. 96 Seiten, ISBN 978-3-570-13926-4

Die kleine Hexe Luzie freut sich schon unbändig auf das große Sommersonnenwendefest, doch ihre Mutter erlaubt Luzie nicht, dort hinzugehen. Verflixt! Kann hier Rolfi, der liebste Rabe der Welt, helfen? Florina dagegen hasst es, wenn ihr Bruder Simon sie ärgert. Doch plötzlich ist Simon verschwunden. Hat sie ihn etwa einfach weggezaubert? Miranda wiederum kann sich all die magischen Hexensprüche, kniffligen Zaubertrank-Rezepte und fiesen Flüche aus ihrem dicken Schulbuch nicht merken. Wie soll sie da jemals die große Prüfung bestehen? Zum Glück hat ihre Lehrerin eine großartige Idee …

www.cbj-verlag.de

 Erst ich ein S